Gabriele Kuby

Verstaatlichung der Erziehung

**Auf dem Weg zum
neuen Gender-Menschen**

fe-medien, kisslegg

© Fe-Medienverlag, 88353 Kisslegg
www.fe-medien.de
4. Auflage Februar 2008
Druck: Süddeutsche Verlagsgesellschaft, Ulm
Umschlaggestaltung: Manuel Kimmerle
ISBN: 978-3-939684-09-1

Gabriele Kuby

Verstaatlichung
der Erziehung

Auf dem Weg
zum neuen
Gender-Menschen

Inhalt

Die Grundausstattung mit Liebe 7

„Das Muttergehirn" 9

Bindungsschäden 13

„Gleichaltrigenorientierung" 15

Elternfreude 17

Beruf oder Berufung 18

Krippe, Kälte, Kollektiv 19

Verantwortungssplitting 20

Diffamierung der Mutter durch
Simone de Beauvoir 21

Die Saat geht auf:
Demographische Wende 24

Familie ist Zukunft 27

Familie: Stiefkind der Medien 29

Familie: Stiefkind des Staates 29

Kinderwunsch? 31

Krippenpropaganda 32

Politik für Minderheit, statt für das
Allgemeinwohl 35

Abschied von der Rationalität 36

Welche Erziehungsziele hat der Staat? 37

Gender Mainstreaming:
Leitlinie der Politik 38

www.bmfsfj.de 40

UN – EU – Familienministerium
– alle ziehen an einem Strang 42

Das „GenderkompetenzZentrum" 44

Die neue „Ideologie des Bösen" 45

Staatliche Anleitung zur
Sexualisierung von Kleinkindern 48

Verhütungsunterricht 50

Homosexualisierung im Unterricht 51

Kein Schutz der Verfassungsrechte
durch die Gerichte 53

Weg in den Totalitarismus 54

Kriminalisierung des Widerstandes 56

Aufwachen! Aufstehen! 58

Die wahre Quelle der Liebe 61

Vor kurzem machte ich einen Besuch bei einer befreundeten jungen Frau, deren dreijährige Tochter ich zum ersten Mal sah. Ich war schon in der Wohnung, als Sima abends vom Kindergarten nach Hause kam, wo Papa sie abgeholt hatte. Sie spähte mich aus der Entfernung misstrauisch an. Anstatt meine ausgestreckte Hand zu ergreifen, schlug sie nach mir. Sie trat auch nach Mama, als diese sie ausziehen wollte. Immer wieder stieß sie völlig unmotivierte, gellende Schreie aus. Mama wusste sich nicht zu helfen. Sie hatte gerade ihren Hochschulabschluss geschafft und war, schwanger mit dem zweiten Kind, zu Hause. Sie war froh, dass Sima den ganzen Tag im Kindergarten war, denn „wir tun uns nicht gut". Sie fand, Sima habe einen schwierigen Charakter.

Sima war noch kein Jahr alt gewesen, als sie tagsüber zu einer Pflegemutter kam, die selbst ein kleines Kind hatte. Alles schien gut zu gehen. Sima gewöhnte sich an die Pflegemutter und hatte einen Ersatzbruder. Als sie zwei Jahre alt war, musste Mama zum Studium ein Jahr ins Ausland. Sie konnte doch jetzt wegen des Kindes nicht alles hinwerfen, auch wenn sie das am liebsten getan hätte. Aber die berufliche Situation ihres Partners war unsicher, so musste sie zur Existenzsicherung der Familie ihren Abschluss machen. Also blieb nichts anderes übrig: Sima musste sich von Tagesmutter und Tagesbrüderchen trennen und mit ins Ausland. Alle zwei Monate kam jemand anders zu Hilfe, um Sima zu betreuen, während Mama studierte. Mama hat nun ihr Examen, würde gerne loslegen im Beruf, aber sie bekommt bald ihr zweites Kind. Unfroh sitzt sie zwischen Baum und Borke.

Wie wird Sima, die in den ersten drei Lebensjahren kein Urvertrauen entwickeln konnte, sich in der Pubertät verhalten? Wie wird sie sich verhalten, wenn Mama oder Papa im Alter ihre Hilfe brauchen?

Die Grundausstattung mit Liebe

Nach einem Jahrhundert der Tiefenpsychologie wissen wir, dass die ersten drei Lebensjahre von entscheidender Bedeutung für die Entwicklung der Persönlichkeit sind. Wackelt das Fundament, dann wackelt die Persönlichkeit zwischen Aggression und Depression, Minderwertigkeit und Machtgelüsten. Die Defizite werden mit Ersatzbefriedigungen gefüllt, die zur Sucht entgleiten können. Traumatische Erfahrungen, wie zum Beispiel die frühe

Trennung von der Mutter, werden in Leib und Seele gespeichert und können – verdrängt ins Unbewusste – neurotische Verwerfungen der Persönlichkeit bewirken. Um lieben zu können und im Laufe des Lebens immer mehr lieben zu lernen, muss ein Mensch die Erfahrung gemacht haben, dass er geliebt wird. In den Augen und den Armen eines Du erlebt er sich als ganz bejaht, als Quelle der Freude für den anderen. Ich bin liebenswert, ich bin einzigartig, ich bin gewollt, ich bin schön, ich bin gut, jubelt es dann in der Seele des so Angeschauten. Ich bin dem anderen sogar so viel wert, dass er für mich Opfer bringt. Er ist für mich da. *Er* ist am Anfang des Lebens *sie* – die Mutter.

„Das Muttergehirn"

Wer die Krippen-Diskussion der letzten Monate verfolgt hat, der weiß inzwischen, dass die Gehirnforschung, die Bindungsforschung, die psychologische Forschung, die medizinische Forschung und den schlechten Erfahrungen mit den Großexperimenten in kommunistischen Ländern einschließlich der DDR alle dafür sprechen, dass das Kind am besten gedeiht, wenn es in den ersten drei

Jahren ganz in der Obhut der eigenen Mutter ist.[1]

Die Grundausstattung mit Liebe bekommt der Mensch normalerweise von der Mutter. Für den Liebesschub von der Mutter zum Kind sorgt die staunenswerte hormonelle Programmierung. Die Neurobiologin Louann Brizendine, Professorin für Neuropsychiatrie an der University of California, erklärt für jeden verständlich, wie sich die Frau durch die Mutterschaft für immer verändert, „weil sich buchstäblich ihr Gehirn wandelt".[2] Während der Schwangerschaft erhöht sich der Progesteronspiegel, was ähnlich beruhigend wirkt wie Valium; während der Geburt werden Euphorie erzeugende Hormone ausgeschüttet, beim Stillen werden Mutter und Kind mit dem Glückhormon Oxytocin überschwemmt. Schon in den ersten Stunden nach der Geburt erkennen sich Mutter und Kind am Herzschlag, am Geruch, an der Stimme, und besiegeln dieses Erkennen im Blick der Liebe. Das Gehirn der Frau wird zu einem „Muttergehirn" (Brizendine), bei dem der Beschütz-

---

[1] Studien dazu auf www.familie-ist-zukunft.de
[2] Louann Brizendine, *Das weibliche Gehirn,* Hamburg 2007, S. 153.

instinkt jeden anderen Impuls in den Schatten stellt.

Seismographische Kommunikation zwischen der Mutter und dem Kind legt den Grund für menschliche Sensibilität. Nach und nach werden aus den Lauten, mit denen sie sich verständigen, Worte, und das Kind lernt zuerst von der Mutter die Sprache. Es lernt sie nicht vom Fernseher, vielmehr kommt es mit Sprachdefiziten in die Schule, wenn es zwar Sprechen hört, aber nicht gemeint ist und nicht antworten kann.

Ist es nicht zum Staunen: die biologischen Abläufe drängen die Frau, eine liebende, fürsorgliche Mutter zu sein und so die besten Voraussetzungen für die Gehirnentwicklung des Säuglings und Kleinkindes und die gesamte weitere Persönlichkeitsentwicklung zu schaffen: Urvertrauen, Gemeinschaftsfähigkeit, Lernlust, Intelligenz, Gesundheit.[3] In keiner anderen Beziehung macht die Natur das Lieben so leicht wie zwischen Mutter und Kind.

---

[3] Christa Meves, *Geheimnis Gehirn. Warum Kollektiverziehung und andere Unnatürlichkeiten für Kleinkinder schädlich sind.* Gräfelfing 2005.

Anders als das Tier muss der Mensch dem biologischen Hormonprogramm allerdings nicht gehorchen. Weil wir als einziges Geschöpf mit Willensfreiheit ausgestattet sind, sind wir dem Instinkt nicht unterworfen. Der Preis der Freiheit ist hoch: Was bei der Mutter eine Weigerung auf dem Boden einer freien Entscheidung sein kann, wird bei der Tochter und deren Tochter zu einer zugefügten Beschneidung der Freiheit. Aus dem emotional unterversorgten Baby kann eine „Mangelmutter" werden. Sie hat selbst so wenig Liebe bekommen, dass es ihr schwer fällt, den hormonellen Impulsen zu folgen, wenn sie Mutter wird.

Keine Mutter ist perfekt und keine muss perfekt sein, denn Kinder halten sehr viel aus, um die Liebe zu den Eltern zu retten. Aber noch existiert das Wort Mutter und mit ihm das Ideal der Frau, die in der Liebesvereinigung mit ihrem Mann den Samen des neuen Lebens in sich aufnimmt, ihn in ihrem Leib wachsen lässt, das Kind trägt und gebiert, es stillt und liebkost, hegt und pflegt, beschützt und tröstet, fördert und lehrt, um es Schritt für Schritt in größere Freiheit zu entlassen, bis es reif ist, als eigenständiger Mensch in die Welt zu gehen und von der eigenen Freiheit den rechten Gebrauch zu machen.

Bindungsschäden

Wird das Kind vorzeitig von der Mutter getrennt, so lässt die hormonell vorprogrammierte emotionale Bindung zwischen Mutter und Kind nicht nur das Kind leiden, sondern auch die Mutter. Sie überlässt ein schluchzendes Kleinkind nicht gerne einer Ersatzperson. Und sie will auch nicht, dass das Kind zu einer anderen Frau „Mama" sagt. Das Kind tastet mit seelischen Saugnäpfen nach einer Person, an die es sich binden kann. Wenn die Mutter nicht zur Verfügung steht, dann dockt es an einer Ersatzperson an. Gelingt das in Kleingruppen mit einer „gut ausgebildeten" Betreuerin für drei bis vier Kleinkinder, dann, so heißt es, entstehen keine auffälligen emotionalen Schäden. Aber was ist der Preis? Je besser die Bindung an die Fremdbetreuerin, umso geringer der emotionale Schaden beim Kind, aber umso geringer auch die Bindung an die eigene Mutter.

Betreuerinnen wechseln. Sie sind meist für mehr als vier Kinder da und sie haben nicht das instinktive Sensorium für das Kind wie die Mutter. Anstatt aus sicherer Geborgenheit die Welt erforschen zu können, mit der Mutter durch ein unsichtbares Gummiband verbunden, muss es in der Kleingruppe um seinen Platz kämpfen. Spätestens nach zwei Jahren Krippe und unter den besten Bindungsbedingungen an eine fremde Person, wird diese Bindung durchtrennt. Bis das Kind drei Jahre alt ist, hat es bereits zweimal Trennung durchlitten: von der Mutter und von der Ersatzperson.

Ist das die seelische Ausstattung, die Kinder brauchen, um in einer Zeit, welche die fundamentalen Bindungen zu zerreißen droht – die Bindung an die Eltern, an den Ehepartner, an die Heimat, an Gott – lebenstüchtig zu werden? „Alle erzieherischen Fertigkeiten der Welt können das Fehlen einer Bindungsbeziehung nicht ausgleichen. Alle Liebe der Welt kann nicht durchdringen, wenn die psychische Nabelschnur, die durch die Bindung des Kindes geschaffen wird, fehlt." So schreibt der amerikanische Familientherapeut Gordon Neufeld in seinem Buch „Unsere Kinder brauchen uns". [4]

---

[4] Gordon Neufeld, Gabor Maté, *Unsere Kinder brauchen uns. Die entscheidende Bedeutung der Kind-Eltern-Bindung,* Bremen 2006.

Natürlich braucht das Kind auch die Bindung an den Vater, je älter es wird, umso mehr. Beim Kleinkind kann und muss der Vater die Mutter ergänzen, aber er kann sie nicht ersetzen.

„Gleichaltrigenorientierung"

Selbst wenn Eltern das Liebesband zu ihren Kindern in den ersten Lebensjahren fest geknüpft haben, ist die Beziehung zu den heranwachsenden Kindern massiven Zerreißproben ausgesetzt. Wenn jedoch Bindungsschäden aus dem Kleinkindalter da sind, stehen die Chancen schlecht, eine liebevolle Beziehung zum Kind bewahren zu können. Gordon Neufeld nennt „die Gleichaltrigenorientierung" als Grund und erklärt: „Zum ersten Mal in der Menschheitsgeschichte wenden sich junge Menschen, um Anleitung, Vorbilder und Führung zu finden, nicht an Mütter, Väter, Lehrer und andere verantwortliche Erwachsene, sondern an Menschen, die von Natur aus nie für die Elternrolle vorgesehen waren – ihre eigenen Altersgenossen. Sie lassen sich nicht mehr lenken, unterrichten und entwickeln keine Reife mehr, weil sie aufgehört haben, dem Beispiel Erwachsener zu folgen." (S. 8) „In Gleichaltrigenbeziehungen gibt es keine bedingungslose Liebe und Akzeptanz, es fehlt der Wunsch zu umhegen …, die Bereitschaft für das Wachstum und die Entwicklung des anderen Opfer zu bringen." (S. 12) Wie viele Eltern weinen selbst in intakten Familien über die Entfremdung von ihren Kindern, wenn sie in die Pubertät kommen. Da Kultur nur vertikal, von einer Generation zur nächsten, weitergegeben werden kann – Tradition kommt vom lateinischen Wort „tradere" = übergeben, anvertrauen, überliefern, mitteilen, lehren – ist hier die Bruchstelle des Kulturverfalls, in dem wir uns befinden.

Noch schwingt bei dem Wort Mutter die Erinnerung an hingebungsvolle, opferbereite, dienende Liebe mit – alles Reizworte, die bei Zeitgeistgenossen die Diffamierung dessen auslösen, der sie gebraucht. Aber ist Hingabe bis zur Bereitschaft, die Interessen des anderen vor die eigenen zu stellen, nicht der Prüfstein der Liebe? Dieses Ideal aufzugeben, gefährdet die Existenz des Einzelnen, der Familie, der Gesellschaft. Denn der Einzelne, die Familie und die Gesellschaft können nicht gedeihen, wenn die Quelle der Liebe versiegt.

Elternfreude

Kleine Kinder, ich weiß es von meinen eigenen drei, strotzen vor Lebensfreude und Kreativität, wenn sie bekommen, was sie brauchen. Sie füllen das Haus mit Lachen und Weinen, sie schaffen für die Eltern die Welt neu mit ihrer bedingungslosen Liebe und ihrem grenzenlosen Vertrauen. Sie verlangen Hingabe und Opfer, so wie auch wir durch Hingabe und Opfer unserer Eltern Mensch geworden sind. (Jeder Mangel und jede Verletzung, die wir erlitten haben, sollte uns Aufruf sein, nicht das Gleiche unseren Kindern zuzufügen.) Aber welche Freude und Erfüllung, im Werden eines Menschen die wichtigste Person zu sein als Mutter und als Vater. Ob das Leben einen Sinn hat? Ja! Ja, es hat Sinn, das Leben weiterzugeben, dem Leben zu dienen. Es ist die erste Berufung des Menschen, denn zuerst einmal muss er existieren, bevor er Kultur schaffen oder „Karriere machen" kann. Unsere erste Berufung als Frau ist die Mutterschaft, die zweite der Beruf. Wenn genügend Frauen die erste Berufung verweigern, stirbt ein Volk aus. Die demographischen Zahlen sind ideologieresistent.

Beruf oder Berufung?

Im schönen Wort Beruf steckt das Wort *Berufung*. Wenn der Beruf Berufung ist, dann ist die Entscheidung, wie wir unsere Lebensenergie einsetzen, nicht das Ergebnis von Selbstverwirklichungsambitionen und Karriereplanung, sondern von einem beständigen Horchen auf den Willen Gottes. Es ist eine religiöse Lebenshaltung, die im Chaos dieser Zeit zu der Erfahrung führen kann, dass es einen Plan für mein eigenes Leben gibt, dessen Erfüllung inneren Frieden schenkt. Die Karrierefrau sagt: „Ich will wachsen." Die Mutter sagt: „Du sollst wachsen." Das Fragen nach Berufung löst diesen Widerspruch auf, weil im Hören auf Gottes Willen der Egoismus überwunden wird und gedeihliche Lebenssituationen entstehen – für mich und für die Menschen, für die ich verantwortlich bin. Dabei geht es nicht nur um die großen Weichenstellungen, sondern auch um die alltäglichen. Meine eigene Erfahrung war, dass die Entscheidung, die Bedürfnisse der Kinder an erste Stelle zu setzen, zur Folge hatte, dass sich die anderen Notwendigkeiten gefügt, „adaptiert", haben.

Nicht das Kind muss der Karriere weichen, sondern der Beruf muss sich an die Bedürfnisse des Kindes anpassen. Dieses „adaptive Modell" wird, laut Prof. Bertram, von 60 Prozent der Frauen bevorzugt.[5] Dazu müssen Politik und Wirtschaft die Voraussetzungen schaffen.

Krippe, Kälte, Kollektiv

Die Diffamierung der Mutter mit den drei Ks *Kinder, Küche, Kirche* gehört zum Grundwortschatz der Meinungsmacher. Ist es verachtenswert, wenn sich eine Frau einige Jahre hauptberuflich um die eigenen kleinen Kinder kümmert, für familienerhaltende gemeinsame Mahlzeiten sorgt, sich der Glaubensweitergabe an die Kinder annimmt, wenn sie unentgeltlich Gutes tut, wofür der Staat Milliarden ausgeben muss, wenn Frauen dafür keine Zeit mehr haben? Nein, da ist ein Job, zum Beispiel als Betreuerin von fremden Kindern in der Krippe, doch weit respektabler. Da kann man dann das Geld verdienen, um für die eigenen Kinder die staatliche subventionierte Fremdbemutterung zu bezahlen. Dort wer-

---

[5] Hans Bertram, *Nachhaltige Familienpolitik, 2005*. Studie im Auftrag des Familienministeriums.

den dann die überlebenswichtigen drei Ks durch drei neue ersetzt: *Krippe, Kälte, Kollektiv.* Oder könnte man das Problem dadurch lösen, dass man den Fremdmüttern samt ihren fremden Kindern Oxytocin verabreicht?

Verantwortungssplitting

Die beste Voraussetzung, um den Anforderungen der Existenzsicherung, den Bedürfnissen der Kinder und der beruflichen Entfaltung beider Partner – in dieser Reihenfolge! – gerecht zu werden, ist eine gute Ehe, die flexibles Verantwortungssplitting ermöglicht, je nach Situation in einer Welt der sicheren Krisen. Die dazu nötige Überwindung starrer Rollenfixierungen ist längst geschehen. Dazu brauchen wir kein *Gender Mainstreaming.*

Ein Argument für die Krippenerziehung ist immer wieder: Kinder brauchen glückliche Mütter. Stillschweigend wird dabei unterstellt, dass die Mutter nur glücklich sein kann, wenn sie berufstätig ist. Aber welche Mutter ist glücklich, wenn sie fühlt, dass sie dem Kind nicht geben kann, was das Kind in seiner jeweiligen Entwicklungsstufe braucht? Kein beruflicher Erfolg kann das wettmachen. Was wird zählen, wenn die Berufsarbeit vorbei ist, wenn die Kräfte nachlassen, wenn der Tod in

Sicht kommt und die Lebensbilanz gezogen wird: die verflossene Karriere oder die Weitergabe des Lebens? Der eigene Erfolg oder die liebevolle Beziehung zu den Kindern? Wenn in einer heidnischen Gesellschaft die Euthanasie als Endlösung der Kostenexplosion und als Erlösung von Leid akzeptiert wird – wer wird uns davor bewahren, wenn nicht unsere eigenen Kinder?

Anne Sophie Mutter wurde in einem Interview im Jahr 2007 gefragt: „Was ist das Schönste in Ihrem Leben?" Sie sagte nicht: Die Musik, die Ovationen, die Freunde, nein, sie antwortete: „Mit meinen Kindern zusammen sein." Ich kann es bestätigen: Nichts erfreut mich mehr, als mit den drei erwachsenen, selbstständigen Persönlichkeiten, die meine Kinder sind, am Tisch zu sitzen und darüber zu sprechen, was gut und richtig und wahr ist in ihrem Leben, in meinem Leben und in der Welt.

Diffamierung der Mutter durch Simone de Beauvoir

Die Mutter in Misskredit zu bringen, Mutterschaft als Sklaverei zu diffamieren, legt das Messer an die Wurzel der Gesellschaft. Dies ist das Werk meist kinderloser Feministinnen.

Sie haben für die Mutter nur Hohn und Spott übrig und untergraben systematisch deren Existenzbedingungen. In der Bibel des Feminismus, „Das andere Geschlecht", fordert Simone de Beauvoir die Frau auf, „der Sklaverei der Mutterschaft" zu entfliehen. Das hört sich so an:[6]

„Man kommt nicht als Frau zur Welt, man wird es." (S. 265)

„[Die Frau] empfindet [die Schwangerschaft] gleichzeitig als eine Bereicherung und als eine Verstümmelung. Der Fötus ist ein Teil ihres Körpers und auch wieder ein Parasit, der auf ihre Kosten lebt." (S. 482)

„Sie fürchtet mit einem Schwächling und Ungeheuer niederzukommen, weil sie die scheußliche Zufälligkeit des Körpers kennt, und dieser Embryo, der in ihr haust, ist ja nichts wie Fleisch." (S. 483)

„Wenn heute die Frau meist nur mühsam den Beruf, der sie stundenlang vom Heim fernhält und ihr alle Kräfte nimmt, mit den Interessen ihrer Kinder vereint, liegt das daran, dass einesteils die Frauenarbeit noch allzu

---

[6] Simone de Beauvoir, *Das andere Geschlecht*, Reinbek bei Hamburg, 1968.

oft Sklavenarbeit ist, andererseits sich niemand darum gekümmert hat, die Pflege, die Aufsicht und Erziehung der Kinder außerhalb des Hauses zu sichern. *Hier liegt eine soziale Lücke vor.* Es ist jedoch ein Trugschluss, wenn man diese Lücke mit der Behauptung rechtfertigt, es stehe im Himmel geschrieben oder es sei ein Grundgesetz der Erde, dass Mutter und Kind einander ausschließlich zugehörten. Dieses gegenseitige Zueinandergehören stellt in Wirklichkeit nur eine doppelte, verhängnisvolle Unterdrückung dar. (S. 508)

Die Menschenverachtung, die hier zum Ausdruck kommt, ist mittlerweile Politik geworden und schafft durch die Abtreibungsgesetzgebung gesellschaftliche Realität. Wie es mit der Interessenvertretung der Frauen durch die EU unter deutscher Ratspräsidentschaft bestellt ist, hat Frau Tina Moll, Attaché Deutschlands bei den Vereinten Nationen, demonstriert. In der 51. Sitzung der „UNO-Kommission für den Status der Frau" im März 2007 stand ein Entschließungsantrag zur „Abschaffung von schädlichen Praktiken des vorgeburtlichen geschlechtsbestimmten Sortierens und des Kindermords an Mädchen" auf der Tagesordnung. Dies ist gängige

Praxis in China und weiten Teilen Asiens. Frau Moll brachte den Antrag als Repräsentantin der 27 Mitgliedstaaten der EU zu Fall mit der Begründung: „Dieser Entschließungsantrag ist vor allem ein heimlicher Angriff der USA gegen Abtreibung. Das wollen wir nicht mittragen."[7]

Die Saat geht auf:
Demographische Wende

„Von der Fortpflanzungsaufgabe zum großen Teil befreit …" – ob sich Simone de Beauvoir hat träumen lassen, dass die Saat des Todes, die sie ausgesät hat, in wenigen Jahrzehnten aufgehen würde? Ein Haus anzuzünden geht leichter, als eines zu bauen – eine Kultur kaputt zu machen, leichter als sie aufzubauen. Kulturaufbau geschieht durch die Ausübung von Tugend, Kulturzerstörung durch Verführung der Massen zu egoistischer Triebbefriedigung.

Deutschland war das erste Land, das im Frieden zu schrumpfen begann: Seit 1972 sterben in Deutschland mehr Menschen als geboren werden. Durch den „Pillenknick" in den siebziger Jahren sank die Geburtenrate

---

[7] *Die Tagespost*, 13. 03. 2007, S. 3.

von 2,4 Kindern auf 1,4 Kinder pro Frau, Tendenz sinkend – ein Prozess, der ganz Europa relativ gleichzeitig erfasste. Dabei hat sich hierzulande der Kinderwunsch der faktischen Geburtenrate weitgehend angeglichen. „In Deutschland hat sich das Ideal der freiwilligen Kinderlosigkeit ausgebreitet."[8]

Diese Bevölkerungsdezimierung, die die Auswirkungen des Dreißigjährigen Krieges in den Schatten stellt, bedeutet, dass die 20-60jährigen, also die Erwerbsfähigen, von 1998 bis 2050 um 16 Millionen, die unter 20jährigen um 8 Millionen abnehmen, während die Zahl der über 60jährigen um 10 Millionen, die der über 80jährigen um 7 Millionen steigen wird. Dann ist die Zahl der Kinder und Jugendlichen unter 20 etwa gleich groß wie die der über 80jährigen, nämlich 10 Millionen, die Zahl der über 60jährigen ist dann dreimal so hoch wie die der unter 20jährigen.[9] Deutschland wird zu einem Altersheim. Die Sozialsysteme werden in naher Zukunft zusammenbrechen. Laut Alarmrufen

---

8 Bundesinstitut für Bevölkerungsforschung, *Einstellungen zu demographischen Trends und zu bevölkerungsrelevanten Politiken,* Wiesbaden 2005.
9 Herwig Birg, *Die ausgefallene Generation. Was die Demographie über unsere Zukunft sagt,* München 2005, Kap. 8.

der EU fehlen bis 2030 zwanzig Millionen Arbeitskräfte in Europa.

Da die deutsche Bevölkerung schrumpft, die zugewanderte aber durch Einwanderung und eine hohe Geburtenrate zunimmt, werden die Deutschen unaufhaltsam zur Minderheit im eigenen Land. „Die zugewanderte Bevölkerung wird bei den unter 40jährigen in vielen Großstädte in wenigen Jahren die absolute Mehrheit erreichen."[10], wie das in Rotterdam bereits der Fall ist. Der größte Teil der ausländischen Bevölkerung ist muslimisch. Prof. Birg sagt: „Wir haben nicht nur Parallelgesellschaften, wir haben auch Gegengesellschaften."[11] Eine alternde, schrumpfende, depressive, deutsche (europäische) Bevölkerung steht einer jungen, wachsenden, islamischen Bevölkerung außerhalb Europas und im eigenen Land gegenüber, die weiß, worauf sie wartet und wofür sie kämpft – mit *allen* Mitteln.

---

[10] Birg, S. 67
[11] *Wir haben Gegengesellschaften*, Interview mit Herwig Birg in *Die Welt*, 27. 02. 2006.

Familie ist Zukunft

Das sind die großen Entwicklungen, innerhalb derer Politik, insbesondere Familienpolitik stattfindet. Wenn wir eine Zukunft haben
wollen, dann brauchen

1. Männer und Frauen Bedingungen, unter denen sie Eltern werden wollen
   und
2. Kinder und Jugendliche Bedingungen,
   unter denen sie zu seelisch gesunden,
   leistungsfähigen Menschen heranwachsen können.

Es gibt keinen Zweifel, dass die Familie, heute muss man sagen, die traditionelle Familie,
bestehend aus verheirateten Eltern verschie-
denen Geschlechts mit Kindern, die Sozialge-
stalt ist, die diesen beiden Anforderungen am
besten gerecht wird. Es gibt auch keinen
Zweifel, dass sich jedes Kind eine traditionelle Familie wünscht und „nachhaltige" Verlet-
zungen davon trägt, wenn dieser elementare
Wunsch nicht erfüllt wird.

Die Folgen des Familienzerfalls zeigen sich in
den ständig steigenden Zahlen für psychische
Störungen schon bei Kleinkindern, Sprachver-

fall, Leistungsabfall, Drogensucht, Essstörungen, Gewalttätigkeit und Kriminalität bei Jugendlichen.

Die Deutsche Gesellschaft für Kinder- und Jugendpsychiatrie, Psychosomatik und Psychotherapie (DGKJP) wies bei ihrer Jahrestagung 2007 darauf hin, dass etwa 25 % aller Kleinkinder klinisch relevante psychische Störungen aufweisen. Die „Kinder und Jugendgesundheitsstudie" des Robert Koch-Instituts, veröffentlicht im Mai 2007, zeigt, dass bei zwanzig Prozent der Null- bis 17jährigen psychische Auffälligkeiten vorliegen, dass ein Viertel der Elf- bis 17jährigen über regelmäßige Schmerzen klagt, dass 15 Prozent der Drei- bis 17jährigen übergewichtig sind. „Unter den untersuchten Risikofaktoren erweisen sich vor allem ein ungünstiges Familienklima sowie ein niedriger sozioökonomischer Status als bedeutsam", heißt es in der Studie.

Zum traditionellen Familientyp gehören in Deutschland laut Mikrozensus von 2005 drei Viertel aller Familien. Warum überrascht diese Zahl? Weil die traditionelle Familie keine mediale und keine politische Repräsentanz hat.

Familie: Stiefkind der Medien

Die traditionelle Familie kommt in Talkrunden und in Spielfilmen kaum vor. Zum einen wirkt da ein Wahrnehmungsgesetz, von dem jede Hausfrau ein Lied singen kann: Ordnung und Sauberkeit gelten als normal, nur die Unordnung und der Schmutz fallen auf, das heißt: wir schauen auf das Kaputte und sehen gar nicht mehr das noch Tragfähige. Zum anderen liefern intakte Familien einfach nicht den Stoff für hohe Einschaltquoten. Durch die Medien wird das Kaputte zum alltäglichen Vor-Bild und soll nun durch Umdeutung und Entkernung des Familienbegriffs in allen Parteiprogrammen zur Normalität erhoben werden.

Familie: Stiefkind des Staates

Die traditionelle Familie ist das Stiefkind von Vater Staat, zur Zeit verheiratet mit Mutter von der Leyen, und wie das bei Stiefkindern so ist, sie wird nicht angeschaut, kommt nicht zu Wort, wird materiell benachteiligt, ja ausgehungert.

Alle verlieren dabei: Die Mütter, die Väter, die Kinder. Ergebnis: Die Familie geht kaputt. Das Lebensziel Familie ist immer schwerer zu verwirklichen, weil die Struktur der Sozialsysteme und der Steuergesetzgebung die Familie massiv benachteiligt.

Das Grundproblem ist: Der Staat begünstigt die Kinderlosen und benachteiligt Familien mit Kindern. Fachleute sprechen von „Transferausbeutung der Familien". Was damit gemeint ist, ist leicht zu verstehen: Jeder Mensch braucht zweimal im Leben Unterstützung, als Kind und im Alter, auch die Singles. Diese allerdings zahlen nur einmal, weil sie keine Ausgaben für Kinder haben. Um dieses Thema wird der zukünftige Generationenkampf toben, wenn sich die Jungen weigern werden, die Rente von alten Leuten zu bezahlen, die auf ihre Kosten vergleichsweise in Saus und Braus gelebt haben.

Schon jetzt sind es die Kinder und Jugendlichen, die die Zeche zahlen. Innerhalb eines Jahres, von 2005 bis 2006, stieg die Zahl der Kinder unter 15 Jahren, die von der Sozialhilfe leben, um mehr als 10 Prozent an.[12] Seit fünfzehn Jahren mahnt das Bundesverfassungsgericht den Staat, Familiengerechtigkeit herzustellen – vergeblich. Der Staat weigert sich zu tun, wozu ihn das Grundgesetz (Art. 6,1) verpflichtet, welches Ehe und Fa-

---

[12] *Spiegel Online*, 23. 04. 2007.

milie „unter den besonderen Schutz der staatlichen Ordnung" stellt.

Kinderwunsch?

Damit Frauen Mütter werden wollen und
können brauchen Sie Wertschätzung, Zeit
und Geld. Seit Vater Staat zunehmend an die
Stelle des Ehemanns und Vaters tritt, mangelt
es an allem: an Wertschätzung, an Zeit und
an Geld. Es scheint, dass die Frauen keinen
guten Tausch gemacht haben. Sie verlieren
die Lust am Kinderkriegen, wenn sie

1. dafür missachtet werden
2. keine Zeit haben, weil sie Geld verdienen wollen oder müssen
3. nicht genügend Geld verdienen können, weil sie Zeit für die Kinder brauchen.

14,6 % der Frauen und 26,3 % der Männer wollen im Jahr 2005 keine Kinder; sie
wollen das Leben, das sie selbst empfangen
haben, nicht weitergeben.[13] Immer mehr
können es nicht, obwohl sie wollen. Statt die
Grundstrukturen des Sozial- und Steuersys-

---

[13] Bundesinstitut für Bevölkerungsforschung, *Einstellungen zu demographischen Trends und zu bevölkerungsrelevanten
Politiken,* Wiesbaden 2005, S. 36.

tems so zu verändern, dass Familiengerechtigkeit entsteht, soll nun noch der letzte Rest an Produktivität aus den Frauen herausgequetscht werden, indem sie ihre Kinder bereits mit einem Jahr dem Staat übergeben und frei werden für die Erwerbstätigkeit.

Krippenpropaganda

Um das zu erreichen, kämpft Familienministerin Ursula von der Leyen für die Erhöhung der Krippenplätze auf das Dreifache, nämlich auf 750.000.

Sie tut es mit Argumenten, die sich bei näherer Betrachtung als Propaganda erweisen, das heißt um Verschleierung der eigentlichen Ziele durch falsche Angaben. Das Pfeifen inzwischen die Spatzen von Dächern.

1. Um die von der Ministerin angestrebte Versorgungsquote mit 35 Prozent Krippenplätzen zu erreichen, sind nicht 500.000 neue Krippenplätze nötig, sondern maximal 220.000.[14] Das ergibt die schlichte Berechnung des Bedarfs aufgrund der zu erwarten-

---

[14] Jürgen Liminski, *Wenn es Wahlfreiheit gäbe...*, *Die Tagespost*, 31. 03. 2007. Berechnungen des *Heidelberger Familienbüros*, 27. 03. 2007.
www.daserste.de/ichstellemich/faktencheck_leyen.asp, 18. 04. 2007.

den Geburtenzahlen Die Ministerin zielt also auf eine Abdeckungsrate von circa 60 Prozent.

2. Laut von der Leyen sollen 500.000 neue Krippenplätze 3 Milliarden Euro kosten. Für die Finanzierung weiterer 500.000 Plätze sind aber Einstiegsinvestitionen von 9,5 Milliarden Euro (Berechnungen des Städte- und Gemeindebundes) und jährliche Betriebskosten von ca. 9 Milliarden Euro aufzubringen. Es wären 200.000 neue Erzieherinnen nötig, für die es derzeit keine ausreichenden Ausbildungsplätze an den Fachhochschulen gibt.

3. Die Krippenpläne werden mit dem Köder „Wahlfreiheit" an die Frau gebracht. Es besteht aber keine Wahlfreiheit, wenn die Existenz der Familie nur mit zwei erwerbstätigen Eltern gesichert werden kann, weil durch Steuern und Sozialabgaben, eine Familie ab zwei Kindern im Durchschnitt unter die Armutsgrenze rutscht.

4. Die Krippenpläne entsprechen nicht den Wünschen der Frauen. Würde man den Frauen 1000 EUR in die Hand geben, die der Staat zur Subventionierung der Krippenplätze mindestens ausgeben muss, würden 69,2%

die ersten drei Jahre am liebsten zu Hause bleiben.[15]

5. Krippenplätze sollen zur Erhöhung der Geburtenrate beitragen. In der Studie *Nachhaltige Familienpolitik,* die Prof. Bertram im Auftrag des Familienministerium durchgeführt hat, heißt es: Der Mikrozensus zeigt, „dass die Frauen mit einer adaptiven Lebenskonzeption ähnlich wie die Hausfrauen eine höhere Kinderzahl realisieren als die voll erwerbstätigen Frauen."

6. Dass die „Wahlfreiheit" eine Farce ist, zeigt auch die Ablösung des Erziehungsgeldes durch das Elterngeld. Während das Erziehungsgeld jeder Mutter zwei (früher drei) Jahre lang 300 EUR in die Hand gegeben hat, bekommt sie ab Januar 2007 nur noch ein Jahr lang Elterngeld und zwar abhängig vom Verdienst, plus zwei Monate, falls der Vater zu Hause bleibt. Bei hohem Einkommen kann das bis zu 1800 EUR monatlich sein. Hat eine Frau kein eigenes Einkommen, weil sie noch im Studium ist oder Kinder großgezogen hat, bekommt sie nur noch ein Jahr lang 300 EUR. Das Elterngeld ist also ein

---

[15] ipsos-Umfrage, s. www.familie-ist-zukunft.de; Emnid-Studie 4/2004;

Anreiz, auf der Karriereleiter möglichst hoch zu steigen, bevor man sich zum Kind entschließt. Aber: Je höher die Ausbildung, umso geringer die Kinderzahl. Die besonders häufig kinderlosen Akademikerinnen, denen es gerade an Geld nicht mangelt, wird man mit Geld nicht für die Mutterschaft ködern können.

Politik für Minderheit, statt für das Allgemeinwohl

Die Politik unseres Staates dient also nicht den Interessen der Mehrheit der Frauen, der Mütter, der Kinder. Frau von der Leyen macht Minderheitenpolitik und verkauft sie als Allgemeinwohl.

- Begünstigt wird die Familie mit zwei erwerbstätigen Eltern auf Kosten der Alleinverdiener-Familie.
- Begünstigt werden erwerbstätige Frauen auf Kosten der Frauen, deren Beruf Mutter ist.
- Begünstigt wird der Arbeitsmarkt auf Kosten der Mütter und Kleinkinder.
- Begünstigt werden Frauen mit niedriger Geburtenrate auf Kosten der Frauen mit höherer Geburtenrate.

- Begünstigt werden berufstätige Mütter mit hohem Einkommen auf Kosten der Mütter mit geringem oder gar keinem Einkommen.

Abschied von der Rationalität

Wissenschaftliche Rationalität – ein Wert, auf den unsere aufgeklärte Kultur stolz war, wird der Ideologie geopfert. Da es unter der Diktatur des Relativismus keine verbindlichen Werte mehr gibt und deswegen auch keine Möglichkeit, das Allgemeinwohl zu definieren, zerfällt die Gesellschaft in Partikularinteressen, von denen sich jene durchsetzten, die die größte Macht hinter sich haben, u. a. die demokratisch nicht legitimierte Macht der Medien. Weil die Zieldiskussion nicht offen und redlich geführt werden kann, müssen die Fakten verbogen werden.

Wäre das, was tatsächlich geschieht, ein unerwünschter Nebeneffekt, so hätte sich das herumgesprochen und die Politik wäre korrigiert worden. Seit den siebziger Jahren geht die Politik aber kontinuierlich in dieselbe Richtung: die Abschaffung der traditionellen Familie und die Schließung der „sozialen Lücke", die Simone de Beauvoir vor gut sechzig Jahren gefordert hat. Immer weniger Familie, immer mehr Staat: Von der Krippe in den Pflicht-Kindergarten und von dort in die Ganztagsschule. Der Staat legt die Hand auf die Kinder.

Eltern, deren „natürliches Recht und die ihnen zuvörderst obliegende Pflicht" die Pflege und Erziehung der Kinder sind (GG Art 6,2) sollte es interessieren, ob die Erziehungsziele des Staates mit ihren eigenen übereinstimmen.

Welche Erziehungsziele hat der Staat?

Bei der Diskussion um staatliche Kindererziehung, die mit der Krippe beginnen soll, wird die „Professionalität" der Betreuerinnen stillschweigend als Garant für eine rechte Kindererziehung gesehen. Aber was sind eigentlich die Ziele der staatlichen Erziehung in Krippen und Kindergärten? Es gibt keine „neutrale" Erziehung, deren Güte am Grad der Qualifikation der Erzieher/innen zu messen wäre. Auch die Ausbildung der Erzieher/innen beruht auf Wertentscheidungen. Wir leben in einer post-christlichen, säkularen Kultur, die sich zunehmend mit heidnischer Spiritualität füllt. Im staatlichen Bildungssystem darf christlicher Glaube nicht mehr vermittelt werden. Vermittelt werden sollen „Werte". Aber welche Werte?

Gender Mainstreaming:
Leitlinie der Politik[16]

Auf der Homepage des Bundesministeriums für Bildung und Forschung heißt es: „Gleichstellungspolitik mittels der politischen Strategie des Gender Mainstreaming hat die Bundesregierung als durchgängiges Leitprinzip und Querschnittsaufgabe festgelegt. Damit reiht sich die Bundesregierung in die weltweiten Aktivitäten zur wirkungsvolleren Durchsetzung von Gleichstellungspolitik ein." www.bmbf.de/de/532.php

Federführend für die Umgestaltung der Gesellschaft nach den Prinzipien des Gender Mainstreaming ist das Bundesministerium für Familie, Senioren, Frauen und Jugend.

Schaut man sich auf der Homepage des Bundesministeriums für Familie, Senioren, Frauen und Jugend um unter den Begriffen „Gleichstellung", „Gender Mainstreaming", „GenderkompetenzZentrum", um herauszufinden, was eigentlich Ziel der Familienminis-

---

[16] Gabriele Kuby, *Die Gender Revolution, Relativismus in Aktion,* Kisslegg 2006.

terin ist, so entdeckt man unter scheinbar leeren Phrasen des Rätsels Lösung: Die Geschlechtsdifferenzierung von Mann und Frau und die Heterosexualität als Norm soll aufgehoben werden. Dazu wurde der Begriff „Gender" erfunden. Diese neue Ideologie wird durch virtuose Beherrschung des politischen Apparats in gesellschaftliche Wirklichkeit verwandelt. Dies gelingt durch Unterlaufen der demokratischen Strukturen ohne jede öffentliche Debatte. Schaltstelle ist die „Interministerielle Arbeitsgruppe Gender Mainstreaming (IMA GM), die dem Bundesfamilienministerium untersteht. Dort werden die Strategien erarbeitet, wie über „Gesetzesfolgenabschätzung" und „Implementierung in die Arbeit der Bundesregierung", durch „Gender Budgeting", das heißt die Umlenkung der Staatsfinanzen, in Zusammenarbeit mit dem vom Familienministerium finanzierten „GenderkompetenzZentrum" der geschlechtsvariable Mensch geschaffen wird.

Die Sprache ist verräterisch, denn ohne Veränderung der Sprache ist die Veränderung der Gesellschaft nicht möglich. An der Außenseite begegnet man Phrasen, die so nichtssagend sind, dass sie aufhorchen lassen. Dringt man über die Verweise und Links auf der

Homepage tiefer in die Brutstätten des neuen
Menschen ein, dann stößt man auf Klartext.

www.bmfsfj.de

Die scheinbar leeren Phrasen lauten

*„Mehr Chancen für Frauen und Männer in al-
len Lebensbereichen"*

Aha! Allen soll es überall besser gehen.

*„Kennzeichen unserer modernen Gleichstel-
lungspolitik ist es, bei unseren Maßnahmen die
ganze Vielfalt von Frauen- und Männerleben, wie
sie sich heute in Deutschland darstellt, zu betrach-
ten."*

„Die ganze Vielfalt?" Was meint die Ministerin?

*„Es geht um gleiche Chancen von Frauen und
Männern mit und ohne Kinder, in allen Altersstufen
und Lebensphasen ebenso wie in besonderen Lebenssituationen."*

Von Familie keine Rede. Von Kindern
keine Rede. Gleiche Chancen für alle überall.
Was ist mit „besonderen Lebenssituationen"
gemeint?

*„Die Verbesserung der Vereinbarkeit von Fami-
lie und Beruf für Frauen und Männer ist heute das
zentrale gleichstellungspolitische Anliegen: Ohne eine
Aufhebung der geschlechtsspezifischen Verantwortlichkeiten in Familie und Beruf und ohne das Bereit-*

stellen der hierfür erforderlichen Rahmenbedingungen
ist Gleichstellung nicht durchsetzbar."

Hier kommen wir dem Kern der Sache näher: Die Geschlechtsrollen von Mann und Frau sollen aufgehoben werden. Mutter und Vater sind aber geschlechtsspezifische Verantwortlichkeiten. Eine Mutter kann nicht Vater, ein Vater nicht Mutter sein, auch dann nicht, wenn er zwei Monate lang den Hausmann macht.

„Die Arbeit der Bundesregierung ist durchgängig am Konzept einer Gleichstellungspolitik orientiert, die die Verwirklichung der Gleichberechtigung als prozessorientierte Querschnittsaufgabe betrachtet. Diese Strategie basiert auf der Erkenntnis, dass es angesichts der unterschiedlichen Lebenssituationen von Männern und Frauen keine geschlechtsneutrale Wirklichkeit gibt."

Früher ging es um „Gleichberechtigung" der Frauen mit den Männern, jetzt geht es um deren „Gleichstellung", nämlich um den Prozess der Auflösung der gesellschaftlichen Wirklichkeit, welche die Geschlechtsdifferenz von Mann und Frau spiegelt.

„Gender bezeichnet die gesellschaftlich, sozial und kulturell geprägten Geschlechtsrollen von Frauen und Männern. Diese sind - anders als das biologische Geschlecht — erlernt und damit auch veränderbar.

Mainstreaming bedeutet, dass eine bestimmte inhaltliche Vorgabe, die bisher nicht das Handeln bestimmt hat, nun zu einem wichtigen Bestandteil bei allen Vorhaben gemacht wird."

Die Veränderung der geschlechtlichen Identität, die bisher nicht das politische Handeln bestimmt hat, soll nun bei *allen* Vorhaben realisiert werden.

Beim „GenderkomptenzZentrum" erfährt man in dem Artikel „Geschlecht als sozial konstruierte Kategorie", dass das „duale Ordnungsschema der Zweigeschlechtlichkeit" überwunden werden muss.

Aber was ist der Mensch, wenn er nicht Mann oder Frau ist? Das Familienministerium gibt darauf keine offen-sichtliche Antwort. Es tauchen Begriffe wie „Transidentität", „Intersexualität" und „queer" auf, bei denen sich nur jene winzige Minorität etwas vorstellen kann, die darin befangen ist.

UN – EU – Familienminsterium –
alle ziehen an einem Strang

Die EU ist weniger auf Verschleierung bedacht. Sie kämpft für die Gleichstellung, der „lesbian, gay, bisexual and transgender (LTGB) community.

Die staatlichen Gender-Aktivisten sind über diese Kategorisierung bereits hinaus und arbeiten mit dem neuen Wort „queer". Solange von Homosexualität geredet wird, gibt es immer noch eine polare Zuordnung zur Heterosexualität. Es soll aber jede Geschlechtsidentität aufgelöst werden. „Queer" bezeichnet eine „dezidierte Nicht-Identität"[17]

Unter dem Punkt „Implementierung von Gender Mainstraming in die Arbeit der Bundesregierung" erfährt man, dass die Interministerielle Arbeitsgruppe unter Federführung des Familienministeriums „mit einem hohen Grad an Verbindlichkeit" arbeitet, um „in mehreren Schritten Gender Mainstreaming als Element einer unbürokratischen, effizienten und zielgerichtet arbeitenden Verwaltung zu etablieren".

Mit dem Instrument der „Gesetzesfolgenabschätzung" werden sämtliche Gesetze in „einem sehr frühen Stadium" auf Gender Mainstreaming getrimmt.

Durch „Gender Budgeting" „lassen sich … Prioritäten verändert setzen und Mittel umverteilen, um einen geschlechtssensiblen

---

[17] Ulf Heidel et. al. (Hrsg.), *Jenseits der Geschlechtergrenzen, Queerstudies an der Universität Hamburg*, 2001.

und gerechten Haushalt aufzustellen." Gender Budgeting setzt also die Strategie des Gender Mainstreaming im Bereich der Haushaltspolitik um.

Das „GenderkompetenzZentrum"

„Wissenschaftliche" Zuarbeit leistet das GenderkompetenzZentrum, dessen Errichtung im Koalitionsvertrag zwischen SPD und Grünen 2002 vereinbart wurde. Es ist an der Juristischen Fakultät der Humboldt Universität bei Prof. Baer angesiedelt. Finanziert wird es durch Drittmittel vom Bundesfamilienministerium. Es bildet in einem Magister-Studiengang namens „Gender-Studies" Gender-Kader aus und „versteht sich als Wissens- und Informations-Drehscheibe zwischen anwendender, forschender und beratender Seite". „Der Präsident der Humboldt Universität setzt sich für Forschung und Lehre in Geschlechterstudien und die Förderung von Wissenschaftlerinnen aktiv ein." (Gender-Studies kann man inzwischen an fast jeder deutschen Hochschule studieren.) Vertreter der Kirchen können sich beim GenderkompetenzZentrum Rat holen, „wie sie ihre Predigten und Andachten in geschlechtssensibler

Sprache verfassen können und weshalb das wichtig ist".

„Diese konzeptionelle Neuausrichtung soll – nicht zuletzt im Rahmen der deutschen EU-Ratspräsidentschaft 2007 – Erfolgsvoraussetzungen und -strategien anderer Länder, insbesondere der nordischen Staaten, aufnehmen und erkennbare Erfolge in Deutschland ermöglichen." (Was das konkret heißt, hat Tina Moll vorgeführt, s. o.).

Als letzte Tat hat der scheidende Generalsekretär der UN, Kofi Annan, einen Bericht mit dem Titel „Delivering As One" verfasst. Darin setzt er sich dafür ein, „die Förderung der Gender-Gleichheit bei allen UN-Aktivitäten in den Mitgliedstaaten sowie bei der Budgetierung des Haushalts für Entwicklung in den Mittelpunkt zu stellen."[18]

Die neue „Ideologie des Bösen"

Es zeigt sich: Gender Mainstreaming ist das politische Programm zur Aufhebung der Geschlechtsidentität von Mann und Frau. Es ist das Zerstörungsprogramm der Familie. Es ist das Zerstörungsprogramm des Christentums. Es ist das Programm unseres so genannten

---

[18] *Friday Fax*, 16. 11. 2006, Nr. 48, Jg.9.

Familienministeriums. Welch ein Coup, dass eine siebenfache Mutter im Auftrag der Christlich Sozialen Union das Werk der Gender-Revolution entschlossen vorantreibt.

Gender Mainstreaming ist die neue, *globale* „Ideologie des Bösen"[19], die von den Machteliten dieser Welt zur sozialen, menschlichen Wirklichkeit gemacht wird. Die Zentrale dieser heimlichen Revolution in unserem Land ist das Bundesministerium für Familie, Senioren, Frauen und Jugend. Es geht der Familienministerin nicht um die Schaffung von Bedingungen, unter denen Männer und Frauen Eltern werden wollen und Kinder gute Voraussetzungen für das Heranwachsen haben. Es geht um *social engineering*, um die Schaffung des neuen Menschen. Das Wesensmerkmal des neuen Gender-Menschen ist es, seine geschlechtliche Identität und sein sexuelles Verhalten losgelöst von jeder moralischen Norm „frei" zu bestimmen und auszuleben – von Kindesbeinen an.

Um den neuen Gender-Menschen zu schaffen, muss man sich der Jugend bemächtigen – so früh wie möglich. Elterngeld und Krippe, welche die Auslieferung der Kinder

---

[19] Johannes Paul II., *Erinnerung und Identität,* Kapitel 2.

an den Staat bereits mit einem Jahr forcieren, sind Schritte zu diesem Ziel.

Aber muss der Sozialstaat die Kinderbetreuung nicht übernehmen, wenn die Familien versagen? Bei so vielen kaputten Familien müssen die Kinder doch – so wird argumentiert – schnellstmöglich in die Hand „professioneller" Fremdbetreuerinnen. Durch die kontinuierliche Verschlechterung der Existenzbedingungen von Familien mittels Steuer- und Sozialgesetzgebung steigt die Zahl der kranken und krank machenden Familien, wie jedes Jugendamt bestätigen kann. Ihnen muss geholfen werden. Aber wenn der Staat wirklich nur dort einspringen wollte, wo Menschen durchs Netz gefallen sind, dann wäre die Zielvorgabe nicht 750 000 Krippenplätze, die angeblich ein Drittel, in Wahrheit aber zwei Drittel aller Kleinkinder mit Krippenplätzen versorgen. Ziel ist vielmehr „die Aufhebung der geschlechtsspezifischen Verantwortlichkeiten in Familie und Beruf".

Es ist die gleiche Dynamik wie bei der Sicherheit. Weil es Terror gibt und der Staat die Bürger vor Terror schützen muss, werden die Kontrollsysteme über den Einzelnen immer mehr ausgeweitet. Weil es immer mehr kaputte Familien gibt, wird den Eltern das Erziehungsrecht aus der Hand genommen. So rechtfertigt reale Not die Vorbereitung des totalitären Staates.

Staatliche Anleitung zur Sexualisierung von Kleinkindern

Wie wird das Gender Mainstreaming konkret in Kindererziehung umgesetzt? Aufschluss geben die Schriften der „Bundeszentrale für gesundheitliche Aufklärung" (BZgA). Der Bereich Sexualaufklärung untersteht dem Familienministerium, der Rest dem Gesundheitsministerium. Die BZgA verteilt Aufklärungsschriften und Ratgeber millionenfach kostenlos im ganzen Land (über die Homepage mühelos zu bestellen). Der „Ratgeber für Eltern zur kindlichen Sexualerziehung vom 1. bis zum 3. Lebensjahr" (Bestellnummer 13660100) ist eine detaillierte Anweisung zur Sexualisierung von Kleinkindern. Mütter und Väter zögern nämlich noch „von sich aus das Kind anzuregen, und äußern die Sorge, es könne ,verdorben' oder zu früh ,aufgeklärt' werden … Nach allem, was an Untersuchungen vorliegt, kann diese Sorge als überflüssig zurückgewiesen werden." „Das Notwendige [soll] mit dem Angenehmen verbunden [werden]", „indem das Kind beim Saubermachen gekitzelt, gestreichelt, liebkost, an den verschiedensten Stellen geküsst wird." (S. 16) „Scheide und vor allem Klitoris erfahren kaum Beachtung durch Benennung und zärtliche Berührung (weder seitens des Vaters noch der Mutter) und erschweren es damit für das Mädchen, Stolz auf seine Geschlechtlichkeit zu entwickeln." (S. 27) Kindliche Erkundungen der Genitalien Erwachsener können „manchmal Erregungsgefühle bei den Erwachsenen auslösen." (S. 27) „Es ist ein Zeichen der gesunden Entwicklung Ihres Kindes, wenn es die Möglichkeit, sich selbst Lust und Befriedigung zu verschaffen, ausgiebig nutzt." (S. 25) Wenn Mädchen (1 – 3 Jahre!) dabei eher Gegenstände zur Hilfe nehmen, dann soll man das nicht „als Vorwand benutzen, um die Masturbation zu verhindern." (25) Der Ratgeber fände es „erfreulich, wenn auch Väter, Großmütter, Onkel oder Kinderfrauen einen Blick in diese Informationsschrift werfen würden und sich anregen ließen – fühlen Sie sich bitte alle angesprochen!" (S. 13)

Im „Ratgeber für Eltern zur kindlichen Sexualentwicklung vom 4. – 6. Lebensjahr" (Bestell-Nr. 13660200) werden die Eltern darüber aufgeklärt, dass „Genitalspiele in diesem Alter Zeichen einer gut verlaufenden psychosexuellen Entwicklung sind", dass Selbstbefriedigung unterstützt werden soll (S. 21) und alle anderen Formen von sexuellen Spielen, etwa „die Imitation des Geschlechtsaktes" und „der Wunsch nach Rückzug in Heimlichkeit".

Weiter geht's im (Pflicht?)Kindergarten. Hier ein paar Kostproben aus dem Lieder- und Notenheft „Nase, Bauch und Po" (Bestell-Nr. 13702000):

Wenn ich meinen Körper anschau und berühr, endeck ich immer mal, was alles an mir eigen ist ...wir haben eine Scheide, denn wir sind ja Mädchen. Sie ist hier unterm Bauch, zwischen meinen Beinen. Sie ist nicht nur zum Pullern da, und wenn ich sie berühr, ja ja, dann kribbelt sie ganz fein.

„Nein" kannst du sagen, „Ja" kannst du sagen, „Halt" kannst du sagen, Oder „Noch mal genau so", „Das mag ich nicht", „Das gefällt mir gut." „Oho, mach weiter so."

Verhütungsunterricht

Vom Kindergarten in die Schule, nach Wunsch des Staates in die Ganztagsschule. Wenn die Pornographie noch nicht zu Hause zur Familienunterhaltung[20] gehört hat, dann zeigen sich die Kinder entsprechende Video-clips auf dem Handy. Mit 9 Jahren beginnt der Verhütungsunterricht, genannt Sexual-kunde, weil sie nun ins Alter kommen, wo die niedlichen Kinderspiele eine höchst uner-wünschte Folge haben können: Schwanger-schaft. Wie in Ingolstadt geschehen, fährt man die lieben Kinder in Bussen zu Aufklä-rungsveranstaltungen, wo sie üben, Kondome über Plastikpenisse zu ziehen, um sich so für den „Kondomführerschein" zu qualifizieren.

Homosexualisierung im Unterricht

Ab zehn Jahren setzen in den Schulen die Werbungs- und Schulungsmaßnahmen zur Homosexualität (lesbisch, schwul, bi und trans) ein[21], noch nicht überall so krass wie in Berlin, Hamburg und München, aber mit einheitlicher Ausrichtung. Eine „Handrei-chung für weiterführende Schulen" des Se-nats von Berlin zum Thema „Lesbische und

---

[20] *Pornos im Kinderzimmer: Psychoogen schlagen Alarm,* ARD-Kulturmagazin: Verwahrlost der Sex, verwahrlost auch die Gesellschaft. 06. 04. 2007.
[21] Am Schulreferat der Stadt München gibt es die „Ko-ordinierungsstelle für gleichgeschlechtliche Lebenswei-sen".

schwule Lebensweisen"[22] ist eine ausgefeilte Anleitung zur Homosexualisierung der Schüler, auszuführen in „Biologie, Deutsch, Englisch, Ethik, Geschichte/Sozialkunde, Latein, Psychologie". Infomaterial, Vernetzung mit der örtlichen Homoszene, Einladung an Vertreter/innen von Lesben und Schwulenprojekten in den Unterricht, Filmveranstaltungen und Studientage zum Thema sollen angeboten und durchgeführt werden. Im Unterricht sollen Rollenspiele stattfinden, etwa:

Du sitzt an der Theke einer Schwulenbar und könntest heute eigentlich einen hübschen Mann in deinem Bett gebrauchen. Ein Neuer betritt den Raum, den du eigentlich ganz schnucklig findest. Wie ergreifst du deine Chance?

Du bist Peter, 29 Jahre. Du willst mit deinem Freund Kemal eine eingetragene Lebenspartnerschaft eingehen. Heute wollt ihr es seiner Mutter erzählen.

Du bist Evelyn Meier, 19 Jahre. Du willst mit deiner Freundin Katrin eine Eingetragene Lebenspartnerschaft schließen. Heute geht

---

[22] http://www.berlin.de/imperia/md/content/sen-familie/gleichgeschlechtliche_lebensweisen/lesbische_und_schwule_lebensweisen.pdf

ihr zu der evangelischen Pfarrerin, Frau Schulz, weil ihr gerne auch kirchlich heiraten wollt.

Kein Schutz der Verfassungsrechte durch die Gerichte

Ist die Anleitung von Eltern und Erziehern zur sexuellen Stimulation von Kindern durch Schriften der Bundeszentrale für gesundheitliche Aufklärung verfassungskonform? Ist die Verführung der Kinder und Jugendlichen innerhalb des Schulunterrichts zur Homosexualität und Bisexualität und Transsexualität gesetzeskonform? Was hier geschieht, hat mit Freiheit, Toleranz und Antidiskriminierung gar nichts zu tun, sondern es handelt sich um staatlich organisierte sexuelle Verführung von Kindern und Jugendlichen. Moral und Ethik nicht nur des Christentum, sondern aller Religionen, schützen den Menschen davor, sich der eigenen Triebhaftigkeit zu unterwerfen, weil dies den Menschen, die Familie und die Gesellschaft zerstört.

Klagen von Eltern bei deutschen Gerichten gegen den Zwang zur Teilnahme am Sexualkundeunterricht waren durchweg erfolglos – bis in die letzte Instanz. Am 31. Mai 2006 wurde eine Verfassungsbeschwerde gegen den Zwang zur schulischen Sexualerziehung abgewiesen. Es dürfe keine „Parallelgesellschaften" geben. Was sich in Moscheen abspielt, ist etwas anderes. Homeschooling ist in diesem Land verboten und wird erbarmungslos von den Gerichten verfolgt.

Weg in den Totalitarismus

Sind die sechzig Prozent Taufscheinchristen mit der Zwangssexualisierung durch Staat und Medien einverstanden? Sind es die Kirchen? Sind es die Muslime? Ist es denn die Mehrheit der Eltern ohne religiöse Bindung? Gewiss nicht, aber das große Schweigen liegt über dem Land – Merkmal eines prätotalitären Zustandes der Gesellschaft.

Das ist so schwer zu erkennen, weil die Diktatoren keine Kontur haben. Lauter kleine und größere Rädchen, die aber durch einen einheitlichen Willen geeint sind. In dieser Phase der Vorbereitung des Totalitarismus geht es nicht um die Unterdrückung und Ausbeutung der Menschen, sondern um das Gewähren grenzenloser Triebbefriedigung als Vehikel zu einem politischen Ziel. Diesen breiten Weg in die Diktatur hat Platon in „Der Staat" beschrieben. Ein moralisch verwahrloster Mensch kann vom Staat, der ihn dazu verführt, später zu allem gebraucht und missbraucht werden. Er hat keine Kraft und kein Interesse, etwas anderes zu verteidigen, als die Möglichkeiten seiner eigenen Befriedigung.

Gender Mainstreaming ist die Strategie der UN, der EU und der Einzelstaaten, Deutschland an vorderster Front. Die Bevölkerung weiß nichts davon, nicht einmal die intellektuelle Elite akademisch gebildeter Zeitungsleser. In den Medien hört man nur das Herrjemine über die Folgen: Die Leistungen der Kinder fallen ab, sie werden lernresistent, ständiger Krawall im Klassenzimmer und auf dem Pausenhof, Gewalt unter Schülern, Gewalt gegen Lehrer, sexuelle Gewalt unter Minderjährigen[23]. Ach ja, und die Geburtenrate …

Weil Gender Mainstreaming die globale Agenda mit oberster Priorität ist, kann das Problem des Familienzusammenbruchs und der sinkenden Geburtenrate nicht gelöst werden. Es soll offenbar nicht gelöst werden. Fragt sich nur, wer hier eigentlich die Musik

---

[23] Im Kanton Zürich waren 1999 Minderjährige für 300 Fälle sexueller Gewalt an Gleichaltrigen verantwortlich. *NZZ Online*, 28. 11. 2006.

spielt, nach der die Politiker tanzen. Die gewollte moralische Verwahrlosung des Volkes ist die Wurzel des Übels. Deswegen ist die einzige Lösung die Umkehr, die Umkehr zu Gott, die Umkehr zu den Geboten Gottes.

Kriminalisierung des Widerstandes

Es sieht so aus, als wären wir schon über die Kuppe des Wasserfalls hinaus. Im Bereich von Politik, Medien und Universität – den Machteliten der Gesellschaft – steht auf Gender-Widerstand Verleumdung, Einflusslosigkeit, berufliche Ausgrenzung, wie ich aus Erfahrung weiß. Buttiglione war der spektakulärste Fall, aber Buttilgiones gibt es überall. Meinungsfreiheit existiert nicht mehr in den Mainstream-Medien. Ein neues Schimpfwort wird zu einem juristischen Tatbestand, um den Widerstand zu kriminalisieren: *Homophobie*. Eine Phobie ist ein krankhafter Angstzustand. Wer also krank ist, sind jene, die daran festhalten, dass die Sexualität nur dann dem Menschen und der Gesellschaft zum Wohl gereicht, wenn sie Ausdruck der Liebesvereinigung von Mann und Frau ist, offen für die Fortpflanzung. „Homophobe" sollen ebenso kriminalisiert werden wie Rassisten, Antisemiten und Fremdenhasser. Dazu dienen die

Antidiskriminierungsgesetze und die „hate laws", die in vielen Ländern bereits existieren und um deren Durchsetzung überall gekämpft wird.

Die EU hat es angekündigt mit ihrer Entschließung B6-0025/2006 vom 18. Januar 2006, dass sie Homophobie „ausmerzen" will. In Polen schreitet sie im Frühjahr 2007 zur Tat. Weil Polen keine „homosexuelle Propaganda in Schulen" will, soll nach dem Willen der großen Mehrheit des EU Parlaments (26. 04. 2007) in Polen eine „fact finding mission" wegen „zunehmender Tendenz zu rassistischer, fremdenfeindlicher und homophober Intoleranz" durchgeführt werden, um das Land beim Europäischen Gerichtshof anklagen zu können.

Polen lässt sich davon nicht einschüchtern. Auf dem Weltfamilienkongress in Warschau vom 11 – 13. Mai 2007 erklärte Polens Bildungsminister und Vizepräsident, Roman Gierteych, dass Polen dem Druck der EU nicht nachgeben werde, die in allen Mitgliedstaaten das Recht auf Abtreibung und gleichgeschlechtliche „Ehe" mit Adoptionsrecht durchsetzten will. Polen wolle die Kinder vor homosexueller Propaganda in den Schulen bewahren. Polen werde eine führende Rolle dabei spielen, den demographischen Winter in Europa zu beenden, der durch die sexuelle Freizügigkeit entstanden sei.

Aufwachen! Aufstehen!

Es ist an der Zeit aufzuwachen. Zu lange sind wir auf die ideologischen Phrasen von Freiheit, Toleranz und Antidiskriminierung hereingefallen. Sie dienen der Vorbereitung von Unfreiheit, der Abschaffung der Meinungs- und Religionsfreiheit und der Diskriminierung und Ausgrenzung jeglichen Widerstandes.

Es ist insbesondere für Christen an der Zeit aufzuwachen. Der Angriff richtet sich auf das Fundament des Christentums, nämlich die Ebenbildlichkeit des von Gott geschaffenen Menschen. In dem Maß, in dem Gender zum Mainstream wird, verschwindet das Christentum. Der Prozess ist weit, sehr weit fortgeschritten.

Widerstand leistet die Katholische Kirche durch das Lehramt, durch Vertreter des Vatikans in den internationalen Organisationen und durch einige Bischöfe. Deswegen gibt es immer wieder Versuche, den Staat Vatikan aus der UN auszuschließen. Da ein Bischof von säkularen Instanzen nicht seines Amtes enthoben werden kann, bedient man sich anderer Mittel: Angelo Bagnasco, Erzbischof von Genua und Vorsitzender der italienischen Bischofskonferenz, steht seit Anfang April 2007 unter Polizeischutz. Es gab Morddrohungen gegen ihn, weil er sich gegen die Gleichstellung der homosexuellen Lebensgemeinschaft mit der Ehe ausspricht. Ende April fand er in einem Brief einen unmissverständlichen Hinweis: eine Pistolenkugel und sein Foto mit eingeritztem Hakenkreuz.

Die Kirche der westlichen Länder hätte die Organisationsstrukturen, um das Volk aus dem Schlaf zu wecken. Aber dazu muss der Prozess der Umkehr in den eigenen Reihen stattfinden.

Widerstand leistet die „Generation Benedikt", die bei den Weltjugendtagen medial sichtbar wird – Millionen junger Menschen, die diese Welt zum Guten wenden wollen.

Widerstand leisten evangelikale Christen auf der ganzen Welt.

Widerstand leistet die World Youth Alliance, eine weltweit tätige Jugendorganisation mit einer Million Mitgliedern aus allen Kontinenten (www.wya.net). Durch ihre ständige Präsenz in den UN-Konferenzen und EU-Parlamentsdebatten kämpft sie für die Würde

der Person, für Freiheit und Gerechtigkeit –
die großen europäischen Errungenschaften,
die Europa im Begriff ist aufzugeben.

Widerstand leisten alle, die trotz der Bedrängnis Familien gründen und jene Tugenden ausüben und weitergeben, die das Fundament von Familie sind: Treue, Solidarität, Verantwortlichkeit. In Deutschland hat sich das Familiennetzwerk gegründet, um den Familien eine politische Stimme zu geben. (www.familie-ist-zukunft.de).

Widerstand leistet jeder Mensch, der sich entscheidet, nach den Geboten Gottes zu leben, weil sich nur so seine Sehnsucht nach Liebe erfüllen kann.

Wachen wir auf! *Stehen wir auf,* damit die „Schöne neue Welt", die Aldous Huxley in den dreißiger Jahren des vorigen Jahrhunderts vorausgesehen hat, nicht Realität wird. Deren Bewohner, die niemals lange warten müssen, „dass man ihm gewähre, sobald er merkte, dass er begehre", blicken mit Grausen auf die Zeit zurück, als es noch die „lebendgebärende Mutter" gab, die ihre eigenen Kinder säugte „wie eine Katze ihre Jungen, aber eine Katze mit Redegabe, eine Katze, die

ohne Unterlass: ‚Mein Kleinchen, mein süßes'
sagen konnte.[24]

Die wahre Quelle der Liebe

Unsere Gewissheit ist: Die wahre Quelle der
Liebe kann nicht zerstört werden. Gott *ist* die
Liebe, und wer die Tür öffnet, an die Jesus
klopft, kann erfahren, dass er ein lebendiger,
barmherziger Gott ist. Er hat den Menschen
in seinem Ebenbild als Mann und Frau
geschaffen, weil er sie zur Liebe berufen hat.
Die Rebellion gegen Gott kann nicht radikaler,
kann nicht wahnsinniger sein, als wenn der
Mensch leugnet, dass er Mann und Frau ist.

Beschleicht jene, die sein wollen wie Gott,
indem sie den Menschen nach ihrem eigenen
Abbild schaffen wollen, niemals die bange
Frage: Und wenn es Gott doch gäbe? Haben
alle geirrt, die Gott verherrlicht haben in der
Kunst, in Werken der Caritas, die Millionen,
die für ihn gestorben sind?

Christen leben aus dem Glauben an den
Sieg Christi. Für sie besteht die Aufgabe dar-
in, treu zu bleiben, auch dann, wenn die
Treue gefährlich wird. Jesus sagt es voraus:
„Und weil die Missachtung von Gottes Ge-

---

[24] Aldous Huxley, *Schöne neue Welt*, Kapitel 3.

setz überhand nimmt, wird die Liebe bei vielen erkalten. Wer jedoch bis zum Ende standhaft bleibt, der wird gerettet." (Mat 24,12-13)